Eigentümerdetails

Name:
E-Mail-Addresse:
Telefon:
Notfallkontaktperson:

Logbuchdetails

Startdatum protokollieren:
Enddatum protokollieren:

Datum: _____   **Muskelgruppe:** _____

M   D   D   M   F   S   S   **Startzeit:** _____
○   ○   ○   ○   ○   ○   ○

Gewicht: _____   **Endzeit:** _____

☐ Oberkörper: ☐ Unterkörper: ☐ Abs

Übung:	Satz:	1	2	3	4	5	6	7
	Wiederholungen							
	Gewicht							
	Wiederholungen							
	Gewicht							
	Wiederholungen							
	Gewicht							
	Wiederholungen							
	Gewicht							
	Wiederholungen							
	Gewicht							
	Wiederholungen							
	Gewicht							
	Wiederholungen							
	Gewicht							
	Wiederholungen							
	Gewicht							

Herz	Zeit	Distanz	Pulsschlag	Kalorien verbrannt

Messungen

Nacken	R Bizeps	L Bizeps	Brust	Taille	Hüften	R Oberschenkel	L Oberschenkel	Kalb

Datum: _____ **Muskelgruppe:** _____

M D D M F S S **Startzeit:** _____
○ ○ ○ ○ ○ ○ ○

Gewicht: _____ **Endzeit:** _____

☐ Oberkörper: ☐ Unterkörper: ☐ Abs

Übung:	Satz:	1	2	3	4	5	6	7
	Wiederholungen							
	Gewicht							
	Wiederholungen							
	Gewicht							
	Wiederholungen							
	Gewicht							
	Wiederholungen							
	Gewicht							
	Wiederholungen							
	Gewicht							
	Wiederholungen							
	Gewicht							
	Wiederholungen							
	Gewicht							
	Wiederholungen							
	Gewicht							

Herz	Zeit	Distanz	Pulsschlag	Kalorien verbrannt

Messungen

Nacken	R Bizeps	L Bizeps	Brust	Taille	Hüften	R Oberschenkel	L Oberschenkel	Kalb

Datum: _____ **Muskelgruppe:** _____

M D D M F S S
◯ ◯ ◯ ◯ ◯ ◯ ◯   **Startzeit:** _____

Gewicht: _____ **Endzeit:** _____

☐ Oberkörper: ☐ Unterkörper: ☐ Abs

Übung:	Satz:	1	2	3	4	5	6	7
	Wiederholungen							
	Gewicht							
	Wiederholungen							
	Gewicht							
	Wiederholungen							
	Gewicht							
	Wiederholungen							
	Gewicht							
	Wiederholungen							
	Gewicht							
	Wiederholungen							
	Gewicht							
	Wiederholungen							
	Gewicht							
	Wiederholungen							
	Gewicht							

Herz	Zeit	Distanz	Pulsschlag	Kalorien verbrannt

Messungen

Nacken	R Bizeps	L Bizeps	Brust	Taille	Hüften	R Oberschenkel	L Oberschenkel	Kalb

Datum: _____ **Muskelgruppe:** _____

M D D M F S S   **Startzeit:** _____
○ ○ ○ ○ ○ ○ ○

Gewicht: _____ **Endzeit:** _____

☐ Oberkörper: ☐ Unterkörper: ☐ Abs

Übung:	Satz:	1	2	3	4	5	6	7
	Wiederholungen							
	Gewicht							
	Wiederholungen							
	Gewicht							
	Wiederholungen							
	Gewicht							
	Wiederholungen							
	Gewicht							
	Wiederholungen							
	Gewicht							
	Wiederholungen							
	Gewicht							
	Wiederholungen							
	Gewicht							
	Wiederholungen							
	Gewicht							

Herz	Zeit	Distanz	Pulsschlag	Kalorien verbrannt

Messungen

Nacken	R Bizeps	L Bizeps	Brust	Taille	Hüften	R Oberschenkel	L Oberschenkel	Kalb

Datum: _____ **Muskelgruppe:** _____

M D D M F S S **Startzeit:** _____
○ ○ ○ ○ ○ ○ ○

Gewicht: _____ **Endzeit:** _____

☐ Oberkörper: ☐ Unterkörper: ☐ Abs

Übung:	Satz:	1	2	3	4	5	6	7
	Wiederholungen							
	Gewicht							
	Wiederholungen							
	Gewicht							
	Wiederholungen							
	Gewicht							
	Wiederholungen							
	Gewicht							
	Wiederholungen							
	Gewicht							
	Wiederholungen							
	Gewicht							
	Wiederholungen							
	Gewicht							
	Wiederholungen							
	Gewicht							

Herz	Zeit	Distanz	Pulsschlag	Kalorien verbrannt

Messungen

Nacken	R Bizeps	L Bizeps	Brust	Taille	Hüften	R Oberschenkel	L Oberschenkel	Kalb

Datum: _____ **Muskelgruppe:** _____

M D D M F S S **Startzeit:** _____
○ ○ ○ ○ ○ ○ ○

Gewicht: _____ **Endzeit:** _____

☐ Oberkörper: ☐ Unterkörper: ☐ Abs

Übung:	Satz:	1	2	3	4	5	6	7
	Wiederholungen							
	Gewicht							
	Wiederholungen							
	Gewicht							
	Wiederholungen							
	Gewicht							
	Wiederholungen							
	Gewicht							
	Wiederholungen							
	Gewicht							
	Wiederholungen							
	Gewicht							
	Wiederholungen							
	Gewicht							
	Wiederholungen							
	Gewicht							

Herz	Zeit	Distanz	Pulsschlag	Kalorien verbrannt

Messungen

Nacken	R Bizeps	L Bizeps	Brust	Taille	Hüften	R Oberschenkel	L Oberschenkel	Kalb

Datum: _____ **Muskelgruppe:** _____

M D D M F S S
○ ○ ○ ○ ○ ○ ○

Startzeit: _____

Gewicht: _____ **Endzeit:** _____

☐ Oberkörper: ☐ Unterkörper: ☐ Abs

Übung:	Satz:	1	2	3	4	5	6	7
	Wiederholungen							
	Gewicht							
	Wiederholungen							
	Gewicht							
	Wiederholungen							
	Gewicht							
	Wiederholungen							
	Gewicht							
	Wiederholungen							
	Gewicht							
	Wiederholungen							
	Gewicht							
	Wiederholungen							
	Gewicht							
	Wiederholungen							
	Gewicht							

Herz	Zeit	Distanz	Pulsschlag	Kalorien verbrannt

Messungen

Nacken	R Bizeps	L Bizeps	Brust	Taille	Hüften	R Oberschenkel	L Oberschenkel	Kalb

Datum: _____ **Muskelgruppe:** _____

M ○ D ○ D ○ M ○ F ○ S ○ S ○ **Startzeit:** _____

Gewicht: _____ **Endzeit:** _____

☐ Oberkörper: ☐ Unterkörper: ☐ Abs

Übung:	Satz:	1	2	3	4	5	6	7
	Wiederholungen							
	Gewicht							
	Wiederholungen							
	Gewicht							
	Wiederholungen							
	Gewicht							
	Wiederholungen							
	Gewicht							
	Wiederholungen							
	Gewicht							
	Wiederholungen							
	Gewicht							
	Wiederholungen							
	Gewicht							
	Wiederholungen							
	Gewicht							

Herz	Zeit	Distanz	Pulsschlag	Kalorien verbrannt

Messungen

Nacken	R Bizeps	L Bizeps	Brust	Taille	Hüften	R Oberschenkel	L Oberschenkel	Kalb

Datum: _____ **Muskelgruppe:** _____

M D D M F S S **Startzeit:** _____
○ ○ ○ ○ ○ ○ ○

Gewicht: _____ **Endzeit:** _____

☐ Oberkörper: ☐ Unterkörper: ☐ Abs

Übung:	Satz:	1	2	3	4	5	6	7
	Wiederholungen							
	Gewicht							
	Wiederholungen							
	Gewicht							
	Wiederholungen							
	Gewicht							
	Wiederholungen							
	Gewicht							
	Wiederholungen							
	Gewicht							
	Wiederholungen							
	Gewicht							
	Wiederholungen							
	Gewicht							
	Wiederholungen							
	Gewicht							

Herz	Zeit	Distanz	Pulsschlag	Kalorien verbrannt

Messungen

Nacken	R Bizeps	L Bizeps	Brust	Taille	Hüften	R Oberschenkel	L Oberschenkel	Kalb

Datum: _____ **Muskelgruppe:** _____

M D D M F S S **Startzeit:** _____
◯ ◯ ◯ ◯ ◯ ◯ ◯

Gewicht: _____ **Endzeit:** _____

☐ Oberkörper: ☐ Unterkörper: ☐ Abs

Übung:	Satz:	1	2	3	4	5	6	7
	Wiederholungen							
	Gewicht							
	Wiederholungen							
	Gewicht							
	Wiederholungen							
	Gewicht							
	Wiederholungen							
	Gewicht							
	Wiederholungen							
	Gewicht							
	Wiederholungen							
	Gewicht							
	Wiederholungen							
	Gewicht							
	Wiederholungen							
	Gewicht							

Herz	Zeit	Distanz	Pulsschlag	Kalorien verbrannt

Messungen

Nacken	R Bizeps	L Bizeps	Brust	Taille	Hüften	R Oberschenkel	L Oberschenkel	Kalb

Datum: _____ **Muskelgruppe:** _____

M D D M F S S **Startzeit:** _____
○ ○ ○ ○ ○ ○ ○

Gewicht: _____ **Endzeit:** _____

☐ Oberkörper: ☐ Unterkörper: ☐ Abs

Übung:	Satz:	1	2	3	4	5	6	7
	Wiederholungen							
	Gewicht							
	Wiederholungen							
	Gewicht							
	Wiederholungen							
	Gewicht							
	Wiederholungen							
	Gewicht							
	Wiederholungen							
	Gewicht							
	Wiederholungen							
	Gewicht							
	Wiederholungen							
	Gewicht							
	Wiederholungen							
	Gewicht							

Herz	Zeit	Distanz	Pulsschlag	Kalorien verbrannt

Messungen

Nacken	R Bizeps	L Bizeps	Brust	Taille	Hüften	R Oberschenkel	L Oberschenkel	Kalb

Datum: _____ **Muskelgruppe:** _____

M D D M F S S **Startzeit:** _____
○ ○ ○ ○ ○ ○ ○

Gewicht: _____ **Endzeit:** _____

☐ Oberkörper: ☐ Unterkörper: ☐ Abs

Übung:	Satz:	1	2	3	4	5	6	7
	Wiederholungen							
	Gewicht							
	Wiederholungen							
	Gewicht							
	Wiederholungen							
	Gewicht							
	Wiederholungen							
	Gewicht							
	Wiederholungen							
	Gewicht							
	Wiederholungen							
	Gewicht							
	Wiederholungen							
	Gewicht							
	Wiederholungen							
	Gewicht							

Herz	Zeit	Distanz	Pulsschlag	Kalorien verbrannt

Messungen

Nacken	R Bizeps	L Bizeps	Brust	Taille	Hüften	R Oberschenkel	L Oberschenkel	Kalb

Datum: _____ **Muskelgruppe:** _____

M D D M F S S
○ ○ ○ ○ ○ ○ ○

Startzeit: _____

Gewicht: _____ **Endzeit:** _____

☐ Oberkörper: ☐ Unterkörper: ☐ Abs

Übung:	Satz:	1	2	3	4	5	6	7
	Wiederholungen							
	Gewicht							
	Wiederholungen							
	Gewicht							
	Wiederholungen							
	Gewicht							
	Wiederholungen							
	Gewicht							
	Wiederholungen							
	Gewicht							
	Wiederholungen							
	Gewicht							
	Wiederholungen							
	Gewicht							
	Wiederholungen							
	Gewicht							

Herz	Zeit	Distanz	Pulsschlag	Kalorien verbrannt

Messungen

Nacken	R Bizeps	L Bizeps	Brust	Taille	Hüften	R Oberschenkel	L Oberschenkel	Kalb

Datum: _____ **Muskelgruppe:** _____

M D D M F S S   **Startzeit:** _____
○ ○ ○ ○ ○ ○ ○

Gewicht: _____ **Endzeit:** _____

☐ **Oberkörper:**   ☐ **Unterkörper:**   ☐ **Abs**

Übung:	Satz:	1	2	3	4	5	6	7
	Wiederholungen							
	Gewicht							
	Wiederholungen							
	Gewicht							
	Wiederholungen							
	Gewicht							
	Wiederholungen							
	Gewicht							
	Wiederholungen							
	Gewicht							
	Wiederholungen							
	Gewicht							
	Wiederholungen							
	Gewicht							
	Wiederholungen							
	Gewicht							

Herz	Zeit	Distanz	Pulsschlag	Kalorien verbrannt

Messungen

Nacken	R Bizeps	L Bizeps	Brust	Taille	Hüften	R Oberschenkel	L Oberschenkel	Kalb

Datum: _____ **Muskelgruppe:** _____

M D D M F S S **Startzeit:** _____
○ ○ ○ ○ ○ ○ ○

Gewicht: _____ **Endzeit:** _____

☐ Oberkörper: ☐ Unterkörper: ☐ Abs

Übung:	Satz:	1	2	3	4	5	6	7
	Wiederholungen							
	Gewicht							
	Wiederholungen							
	Gewicht							
	Wiederholungen							
	Gewicht							
	Wiederholungen							
	Gewicht							
	Wiederholungen							
	Gewicht							
	Wiederholungen							
	Gewicht							
	Wiederholungen							
	Gewicht							
	Wiederholungen							
	Gewicht							

Herz	Zeit	Distanz	Pulsschlag	Kalorien verbrannt

Messungen

Nacken	R Bizeps	L Bizeps	Brust	Taille	Hüften	R Oberschenkel	L Oberschenkel	Kalb

Datum: _____ **Muskelgruppe:** _____

M D D M F S S   **Startzeit:** _____
◯ ◯ ◯ ◯ ◯ ◯ ◯

Gewicht: _____ **Endzeit:** _____

☐ Oberkörper: ☐ Unterkörper: ☐ Abs

Übung:	Satz:	1	2	3	4	5	6	7
	Wiederholungen							
	Gewicht							
	Wiederholungen							
	Gewicht							
	Wiederholungen							
	Gewicht							
	Wiederholungen							
	Gewicht							
	Wiederholungen							
	Gewicht							
	Wiederholungen							
	Gewicht							
	Wiederholungen							
	Gewicht							
	Wiederholungen							
	Gewicht							

Herz	Zeit	Distanz	Pulsschlag	Kalorien verbrannt

Messungen

Nacken	R Bizeps	L Bizeps	Brust	Taille	Hüften	R Oberschenkel	L Oberschenkel	Kalb

Datum: _____ **Muskelgruppe:** _____

M D D M F S S
○ ○ ○ ○ ○ ○ ○   **Startzeit:** _____

Gewicht: _____ **Endzeit:** _____

☐ Oberkörper: ☐ Unterkörper: ☐ Abs

Übung:	Satz:	1	2	3	4	5	6	7
	Wiederholungen							
	Gewicht							
	Wiederholungen							
	Gewicht							
	Wiederholungen							
	Gewicht							
	Wiederholungen							
	Gewicht							
	Wiederholungen							
	Gewicht							
	Wiederholungen							
	Gewicht							
	Wiederholungen							
	Gewicht							
	Wiederholungen							
	Gewicht							

Herz	Zeit	Distanz	Pulsschlag	Kalorien verbrannt

Messungen

Nacken	R Bizeps	L Bizeps	Brust	Taille	Hüften	R Oberschenkel	L Oberschenkel	Kalb

Datum: _____   **Muskelgruppe:** _____

M   D   D   M   F   S   S   **Startzeit:** _____
◯ ◯ ◯ ◯ ◯ ◯ ◯

Gewicht: _____   **Endzeit:** _____

☐ Oberkörper: ☐ Unterkörper: ☐ Abs

Übung:	Satz:	1	2	3	4	5	6	7
	Wiederholungen							
	Gewicht							
	Wiederholungen							
	Gewicht							
	Wiederholungen							
	Gewicht							
	Wiederholungen							
	Gewicht							
	Wiederholungen							
	Gewicht							
	Wiederholungen							
	Gewicht							
	Wiederholungen							
	Gewicht							
	Wiederholungen							
	Gewicht							

Herz	Zeit	Distanz	Pulsschlag	Kalorien verbrannt

Messungen

Nacken	R Bizeps	L Bizeps	Brust	Taille	Hüften	R Oberschenkel	L Oberschenkel	Kalb

Datum: _____ **Muskelgruppe:** _____

M D D M F S S
○ ○ ○ ○ ○ ○ ○   **Startzeit:** _____

Gewicht: _____   **Endzeit:** _____

☐ Oberkörper: ☐ Unterkörper: ☐ Abs

Übung:	Satz:	1	2	3	4	5	6	7
	Wiederholungen							
	Gewicht							
	Wiederholungen							
	Gewicht							
	Wiederholungen							
	Gewicht							
	Wiederholungen							
	Gewicht							
	Wiederholungen							
	Gewicht							
	Wiederholungen							
	Gewicht							
	Wiederholungen							
	Gewicht							
	Wiederholungen							
	Gewicht							

Herz	Zeit	Distanz	Pulsschlag	Kalorien verbrannt

Messungen

Nacken	R Bizeps	L Bizeps	Brust	Taille	Hüften	R Oberschenkel	L Oberschenkel	Kalb

Datum: _____   **Muskelgruppe:** _____

M D D M F S S   **Startzeit:** _____
○ ○ ○ ○ ○ ○ ○

Gewicht: _____   **Endzeit:** _____

☐ Oberkörper: ☐ Unterkörper: ☐ Abs

Übung:	Satz:	1	2	3	4	5	6	7
	Wiederholungen							
	Gewicht							
	Wiederholungen							
	Gewicht							
	Wiederholungen							
	Gewicht							
	Wiederholungen							
	Gewicht							
	Wiederholungen							
	Gewicht							
	Wiederholungen							
	Gewicht							
	Wiederholungen							
	Gewicht							
	Wiederholungen							
	Gewicht							

Herz	Zeit	Distanz	Pulsschlag	Kalorien verbrannt

Messungen

Nacken	R Bizeps	L Bizeps	Brust	Taille	Hüften	R Oberschenkel	L Oberschenkel	Kalb

Datum: _____ **Muskelgruppe:** _____

M D D M F S S
○ ○ ○ ○ ○ ○ ○   **Startzeit:** _____

Gewicht: _____ **Endzeit:** _____

☐ Oberkörper: ☐ Unterkörper: ☐ Abs

Übung:	Satz:	1	2	3	4	5	6	7
	Wiederholungen							
	Gewicht							
	Wiederholungen							
	Gewicht							
	Wiederholungen							
	Gewicht							
	Wiederholungen							
	Gewicht							
	Wiederholungen							
	Gewicht							
	Wiederholungen							
	Gewicht							
	Wiederholungen							
	Gewicht							
	Wiederholungen							
	Gewicht							

Herz	Zeit	Distanz	Pulsschlag	Kalorien verbrannt

Messungen

Nacken	R Bizeps	L Bizeps	Brust	Taille	Hüften	R Oberschenkel	L Oberschenkel	Kalb

Datum: _____   **Muskelgruppe:** _____

M D D M F S S   **Startzeit:** _____
○ ○ ○ ○ ○ ○ ○

Gewicht: _____   **Endzeit:** _____

☐ Oberkörper: ☐ Unterkörper: ☐ Abs

Übung:	Satz:	1	2	3	4	5	6	7
	Wiederholungen							
	Gewicht							
	Wiederholungen							
	Gewicht							
	Wiederholungen							
	Gewicht							
	Wiederholungen							
	Gewicht							
	Wiederholungen							
	Gewicht							
	Wiederholungen							
	Gewicht							
	Wiederholungen							
	Gewicht							
	Wiederholungen							
	Gewicht							

Herz	Zeit	Distanz	Pulsschlag	Kalorien verbrannt

Messungen

Nacken	R Bizeps	L Bizeps	Brust	Taille	Hüften	R Oberschenkel	L Oberschenkel	Kalb

Datum: _____ **Muskelgruppe:** _____

M D D M F S S
○ ○ ○ ○ ○ ○ ○   **Startzeit:** _____

Gewicht: _____ **Endzeit:** _____

☐ Oberkörper: ☐ Unterkörper: ☐ Abs

Übung:	Satz:	1	2	3	4	5	6	7
	Wiederholungen							
	Gewicht							
	Wiederholungen							
	Gewicht							
	Wiederholungen							
	Gewicht							
	Wiederholungen							
	Gewicht							
	Wiederholungen							
	Gewicht							
	Wiederholungen							
	Gewicht							
	Wiederholungen							
	Gewicht							
	Wiederholungen							
	Gewicht							

Herz	Zeit	Distanz	Pulsschlag	Kalorien verbrannt

Messungen

Nacken	R Bizeps	L Bizeps	Brust	Taille	Hüften	R Oberschenkel	L Oberschenkel	Kalb

Datum: _____ **Muskelgruppe:** _____

M D D M F S S **Startzeit:** _____
○ ○ ○ ○ ○ ○ ○

Gewicht: _____ **Endzeit:** _____

☐ Oberkörper: ☐ Unterkörper: ☐ Abs

Übung:	Satz:	1	2	3	4	5	6	7
	Wiederholungen							
	Gewicht							
	Wiederholungen							
	Gewicht							
	Wiederholungen							
	Gewicht							
	Wiederholungen							
	Gewicht							
	Wiederholungen							
	Gewicht							
	Wiederholungen							
	Gewicht							
	Wiederholungen							
	Gewicht							
	Wiederholungen							
	Gewicht							

Herz	Zeit	Distanz	Pulsschlag	Kalorien verbrannt

Messungen

Nacken	R Bizeps	L Bizeps	Brust	Taille	Hüften	R Oberschenkel	L Oberschenkel	Kalb

Datum: _____ **Muskelgruppe:** _____

M D D M F S S
○ ○ ○ ○ ○ ○ ○   **Startzeit:** _____

Gewicht: _____ **Endzeit:** _____

☐ Oberkörper: ☐ Unterkörper: ☐ Abs

Übung:	Satz:	1	2	3	4	5	6	7
	Wiederholungen							
	Gewicht							
	Wiederholungen							
	Gewicht							
	Wiederholungen							
	Gewicht							
	Wiederholungen							
	Gewicht							
	Wiederholungen							
	Gewicht							
	Wiederholungen							
	Gewicht							
	Wiederholungen							
	Gewicht							
	Wiederholungen							
	Gewicht							

Herz	Zeit	Distanz	Pulsschlag	Kalorien verbrannt

Messungen

Nacken	R Bizeps	L Bizeps	Brust	Taille	Hüften	R Oberschenkel	L Oberschenkel	Kalb

Datum: _____ **Muskelgruppe:** _____

M D D M F S S   **Startzeit:** _____
○ ○ ○ ○ ○ ○ ○

Gewicht: _____ **Endzeit:** _____

☐ Oberkörper: ☐ Unterkörper: ☐ Abs

Übung:	Satz:	1	2	3	4	5	6	7
	Wiederholungen							
	Gewicht							
	Wiederholungen							
	Gewicht							
	Wiederholungen							
	Gewicht							
	Wiederholungen							
	Gewicht							
	Wiederholungen							
	Gewicht							
	Wiederholungen							
	Gewicht							
	Wiederholungen							
	Gewicht							
	Wiederholungen							
	Gewicht							

Herz	Zeit	Distanz	Pulsschlag	Kalorien verbrannt

Messungen

Nacken	R Bizeps	L Bizeps	Brust	Taille	Hüften	R Oberschenkel	L Oberschenkel	Kalb

Datum: _____ **Muskelgruppe:** _____

M D D M F S S **Startzeit:** _____
○ ○ ○ ○ ○ ○ ○

Gewicht: _____ **Endzeit:** _____

☐ Oberkörper: ☐ Unterkörper: ☐ Abs

Übung:	Satz:	1	2	3	4	5	6	7
	Wiederholungen							
	Gewicht							
	Wiederholungen							
	Gewicht							
	Wiederholungen							
	Gewicht							
	Wiederholungen							
	Gewicht							
	Wiederholungen							
	Gewicht							
	Wiederholungen							
	Gewicht							
	Wiederholungen							
	Gewicht							
	Wiederholungen							
	Gewicht							

Herz	Zeit	Distanz	Pulsschlag	Kalorien verbrannt

Messungen

Nacken	R Bizeps	L Bizeps	Brust	Taille	Hüften	R Oberschenkel	L Oberschenkel	Kalb

Datum: _____   **Muskelgruppe:** _____

M D D M F S S   **Startzeit:** _____
◯ ◯ ◯ ◯ ◯ ◯ ◯

Gewicht: _____   **Endzeit:** _____

☐ **Oberkörper:**   ☐ **Unterkörper:**   ☐ **Abs**

Übung:	Satz:	1	2	3	4	5	6	7
	Wiederholungen							
	Gewicht							
	Wiederholungen							
	Gewicht							
	Wiederholungen							
	Gewicht							
	Wiederholungen							
	Gewicht							
	Wiederholungen							
	Gewicht							
	Wiederholungen							
	Gewicht							
	Wiederholungen							
	Gewicht							
	Wiederholungen							
	Gewicht							

Herz	Zeit	Distanz	Pulsschlag	Kalorien verbrannt

Messungen

Nacken	R Bizeps	L Bizeps	Brust	Taille	Hüften	R Oberschenkel	L Oberschenkel	Kalb

Datum: _____ **Muskelgruppe:** _____

M D D M F S S **Startzeit:** _____
○ ○ ○ ○ ○ ○ ○

Gewicht: _____ **Endzeit:** _____

☐ Oberkörper: ☐ Unterkörper: ☐ Abs

Übung:	Satz:	1	2	3	4	5	6	7
	Wiederholungen							
	Gewicht							
	Wiederholungen							
	Gewicht							
	Wiederholungen							
	Gewicht							
	Wiederholungen							
	Gewicht							
	Wiederholungen							
	Gewicht							
	Wiederholungen							
	Gewicht							
	Wiederholungen							
	Gewicht							
	Wiederholungen							
	Gewicht							

Herz	Zeit	Distanz	Pulsschlag	Kalorien verbrannt

Messungen

Nacken	R Bizeps	L Bizeps	Brust	Taille	Hüften	R Oberschenkel	L Oberschenkel	Kalb

Datum: _____ **Muskelgruppe:** _____

M D D M F S S
○ ○ ○ ○ ○ ○ ○   **Startzeit:** _____

Gewicht: _____   **Endzeit:** _____

☐ Oberkörper: ☐ Unterkörper: ☐ Abs

Übung:	Satz:	1	2	3	4	5	6	7
	Wiederholungen							
	Gewicht							
	Wiederholungen							
	Gewicht							
	Wiederholungen							
	Gewicht							
	Wiederholungen							
	Gewicht							
	Wiederholungen							
	Gewicht							
	Wiederholungen							
	Gewicht							
	Wiederholungen							
	Gewicht							
	Wiederholungen							
	Gewicht							

Herz	Zeit	Distanz	Pulsschlag	Kalorien verbrannt

Messungen

Nacken	R Bizeps	L Bizeps	Brust	Taille	Hüften	R Oberschenkel	L Oberschenkel	Kalb

Datum: _____ **Muskelgruppe:** _____

M D D M F S S
○ ○ ○ ○ ○ ○ ○   **Startzeit:** _____

Gewicht: _____ **Endzeit:** _____

☐ Oberkörper: ☐ Unterkörper: ☐ Abs

Übung:	Satz:	1	2	3	4	5	6	7
	Wiederholungen							
	Gewicht							
	Wiederholungen							
	Gewicht							
	Wiederholungen							
	Gewicht							
	Wiederholungen							
	Gewicht							
	Wiederholungen							
	Gewicht							
	Wiederholungen							
	Gewicht							
	Wiederholungen							
	Gewicht							
	Wiederholungen							
	Gewicht							

Herz	Zeit	Distanz	Pulsschlag	Kalorien verbrannt

Messungen

Nacken	R Bizeps	L Bizeps	Brust	Taille	Hüften	R Oberschenkel	L Oberschenkel	Kalb

Datum: _____ **Muskelgruppe:** _____

M D D M F S S
○ ○ ○ ○ ○ ○ ○   **Startzeit:** _____

Gewicht: _____ **Endzeit:** _____

☐ **Oberkörper:**   ☐ **Unterkörper:**   ☐ **Abs**

Übung:	Satz:	1	2	3	4	5	6	7
	Wiederholungen							
	Gewicht							
	Wiederholungen							
	Gewicht							
	Wiederholungen							
	Gewicht							
	Wiederholungen							
	Gewicht							
	Wiederholungen							
	Gewicht							
	Wiederholungen							
	Gewicht							
	Wiederholungen							
	Gewicht							
	Wiederholungen							
	Gewicht							

Herz	Zeit	Distanz	Pulsschlag	Kalorien verbrannt

Messungen

Nacken	R Bizeps	L Bizeps	Brust	Taille	Hüften	R Oberschenkel	L Oberschenkel	Kalb

Datum: _____ **Muskelgruppe:** _____

M D D M F S S
○ ○ ○ ○ ○ ○ ○   **Startzeit:** _____

Gewicht: _____ **Endzeit:** _____

☐ **Oberkörper:** ☐ **Unterkörper:** ☐ **Abs**

Übung:	Satz:	1	2	3	4	5	6	7
	Wiederholungen							
	Gewicht							
	Wiederholungen							
	Gewicht							
	Wiederholungen							
	Gewicht							
	Wiederholungen							
	Gewicht							
	Wiederholungen							
	Gewicht							
	Wiederholungen							
	Gewicht							
	Wiederholungen							
	Gewicht							
	Wiederholungen							
	Gewicht							

Herz	Zeit	Distanz	Pulsschlag	Kalorien verbrannt

Messungen

Nacken	R Bizeps	L Bizeps	Brust	Taille	Hüften	R Oberschenkel	L Oberschenkel	Kalb

Datum: _____ **Muskelgruppe:** _____

M D D M F S S
○ ○ ○ ○ ○ ○ ○   **Startzeit:** _____

Gewicht: _____   **Endzeit:** _____

☐ **Oberkörper:**   ☐ **Unterkörper:**   ☐ **Abs**

Übung:	Satz:	1	2	3	4	5	6	7
	Wiederholungen							
	Gewicht							
	Wiederholungen							
	Gewicht							
	Wiederholungen							
	Gewicht							
	Wiederholungen							
	Gewicht							
	Wiederholungen							
	Gewicht							
	Wiederholungen							
	Gewicht							
	Wiederholungen							
	Gewicht							
	Wiederholungen							
	Gewicht							

Herz	Zeit	Distanz	Pulsschlag	Kalorien verbrannt

Messungen

Nacken	R Bizeps	L Bizeps	Brust	Taille	Hüften	R Oberschenkel	L Oberschenkel	Kalb

Datum: _____ **Muskelgruppe:** _____

M D D M F S S
○ ○ ○ ○ ○ ○ ○   **Startzeit:** _____

Gewicht: _____ **Endzeit:** _____

☐ Oberkörper: ☐ Unterkörper: ☐ Abs

Übung:	Satz:	1	2	3	4	5	6	7
	Wiederholungen							
	Gewicht							
	Wiederholungen							
	Gewicht							
	Wiederholungen							
	Gewicht							
	Wiederholungen							
	Gewicht							
	Wiederholungen							
	Gewicht							
	Wiederholungen							
	Gewicht							
	Wiederholungen							
	Gewicht							
	Wiederholungen							
	Gewicht							

Herz	Zeit	Distanz	Pulsschlag	Kalorien verbrannt

Messungen

Nacken	R Bizeps	L Bizeps	Brust	Taille	Hüften	R Oberschenkel	L Oberschenkel	Kalb

Datum: _____ **Muskelgruppe:** _____

M D D M F S S
○ ○ ○ ○ ○ ○ ○   **Startzeit:** _____

Gewicht: _____ **Endzeit:** _____

☐ Oberkörper: ☐ Unterkörper: ☐ Abs

Übung:	Satz:	1	2	3	4	5	6	7
	Wiederholungen							
	Gewicht							
	Wiederholungen							
	Gewicht							
	Wiederholungen							
	Gewicht							
	Wiederholungen							
	Gewicht							
	Wiederholungen							
	Gewicht							
	Wiederholungen							
	Gewicht							
	Wiederholungen							
	Gewicht							
	Wiederholungen							
	Gewicht							

Herz	Zeit	Distanz	Pulsschlag	Kalorien verbrannt

Messungen

Nacken	R Bizeps	L Bizeps	Brust	Taille	Hüften	R Oberschenkel	L Oberschenkel	Kalb

Datum: _____ **Muskelgruppe:** _____

M D D M F S S
○ ○ ○ ○ ○ ○ ○

Startzeit: _____

Gewicht: _____ **Endzeit:** _____

☐ Oberkörper: ☐ Unterkörper: ☐ Abs

Übung:	Satz:	1	2	3	4	5	6	7
	Wiederholungen							
	Gewicht							
	Wiederholungen							
	Gewicht							
	Wiederholungen							
	Gewicht							
	Wiederholungen							
	Gewicht							
	Wiederholungen							
	Gewicht							
	Wiederholungen							
	Gewicht							
	Wiederholungen							
	Gewicht							
	Wiederholungen							
	Gewicht							

Herz	Zeit	Distanz	Pulsschlag	Kalorien verbrannt

Messungen

Nacken	R Bizeps	L Bizeps	Brust	Taille	Hüften	R Oberschenkel	L Oberschenkel	Kalb

Datum: _____ **Muskelgruppe:** _____

M D D M F S S
○ ○ ○ ○ ○ ○ ○

Startzeit: _____

Gewicht: _____ **Endzeit:** _____

☐ Oberkörper: ☐ Unterkörper: ☐ Abs

Übung:	Satz:	1	2	3	4	5	6	7
	Wiederholungen							
	Gewicht							
	Wiederholungen							
	Gewicht							
	Wiederholungen							
	Gewicht							
	Wiederholungen							
	Gewicht							
	Wiederholungen							
	Gewicht							
	Wiederholungen							
	Gewicht							
	Wiederholungen							
	Gewicht							
	Wiederholungen							
	Gewicht							

Herz	Zeit	Distanz	Pulsschlag	Kalorien verbrannt

Messungen

Nacken	R Bizeps	L Bizeps	Brust	Taille	Hüften	R Oberschenkel	L Oberschenkel	Kalb

Datum: _____   **Muskelgruppe:** _____

M D D M F S S   **Startzeit:** _____
○ ○ ○ ○ ○ ○ ○

Gewicht: _____   **Endzeit:** _____

☐ Oberkörper: ☐ Unterkörper: ☐ Abs

Übung:	Satz:	1	2	3	4	5	6	7
	Wiederholungen							
	Gewicht							
	Wiederholungen							
	Gewicht							
	Wiederholungen							
	Gewicht							
	Wiederholungen							
	Gewicht							
	Wiederholungen							
	Gewicht							
	Wiederholungen							
	Gewicht							
	Wiederholungen							
	Gewicht							
	Wiederholungen							
	Gewicht							

Herz	Zeit	Distanz	Pulsschlag	Kalorien verbrannt

Messungen

Nacken	R Bizeps	L Bizeps	Brust	Taille	Hüften	R Oberschenkel	L Oberschenkel	Kalb

Datum: _____ **Muskelgruppe:** _____

M D D M F S S **Startzeit:** _____
○ ○ ○ ○ ○ ○ ○

Gewicht: _____ **Endzeit:** _____

☐ Oberkörper: ☐ Unterkörper: ☐ Abs

Übung:	Satz:	1	2	3	4	5	6	7
	Wiederholungen							
	Gewicht							
	Wiederholungen							
	Gewicht							
	Wiederholungen							
	Gewicht							
	Wiederholungen							
	Gewicht							
	Wiederholungen							
	Gewicht							
	Wiederholungen							
	Gewicht							
	Wiederholungen							
	Gewicht							
	Wiederholungen							
	Gewicht							

Herz	Zeit	Distanz	Pulsschlag	Kalorien verbrannt

Messungen

Nacken	R Bizeps	L Bizeps	Brust	Taille	Hüften	R Oberschenkel	L Oberschenkel	Kalb

Datum: _____ **Muskelgruppe:** _____

M D D M F S S
○ ○ ○ ○ ○ ○ ○   **Startzeit:** _____

Gewicht: _____ **Endzeit:** _____

☐ Oberkörper: ☐ Unterkörper: ☐ Abs

Übung:	Satz:	1	2	3	4	5	6	7
	Wiederholungen							
	Gewicht							
	Wiederholungen							
	Gewicht							
	Wiederholungen							
	Gewicht							
	Wiederholungen							
	Gewicht							
	Wiederholungen							
	Gewicht							
	Wiederholungen							
	Gewicht							
	Wiederholungen							
	Gewicht							
	Wiederholungen							
	Gewicht							

Herz	Zeit	Distanz	Pulsschlag	Kalorien verbrannt

Messungen

Nacken	R Bizeps	L Bizeps	Brust	Taille	Hüften	R Oberschenkel	L Oberschenkel	Kalb

Datum: _____ **Muskelgruppe:** _____

M D D M F S S
○ ○ ○ ○ ○ ○ ○

Startzeit: _____

Gewicht: _____ **Endzeit:** _____

☐ Oberkörper: ☐ Unterkörper: ☐ Abs

Übung:	Satz:	1	2	3	4	5	6	7
	Wiederholungen							
	Gewicht							
	Wiederholungen							
	Gewicht							
	Wiederholungen							
	Gewicht							
	Wiederholungen							
	Gewicht							
	Wiederholungen							
	Gewicht							
	Wiederholungen							
	Gewicht							
	Wiederholungen							
	Gewicht							
	Wiederholungen							
	Gewicht							

Herz	Zeit	Distanz	Pulsschlag	Kalorien verbrannt

Messungen

Nacken	R Bizeps	L Bizeps	Brust	Taille	Hüften	R Oberschenkel	L Oberschenkel	Kalb

Datum: _____ **Muskelgruppe:** _____

M D D M F S S
○ ○ ○ ○ ○ ○ ○

Startzeit: _____

Gewicht: _____ **Endzeit:** _____

☐ Oberkörper: ☐ Unterkörper: ☐ Abs

Übung:	Satz:	1	2	3	4	5	6	7
	Wiederholungen							
	Gewicht							
	Wiederholungen							
	Gewicht							
	Wiederholungen							
	Gewicht							
	Wiederholungen							
	Gewicht							
	Wiederholungen							
	Gewicht							
	Wiederholungen							
	Gewicht							
	Wiederholungen							
	Gewicht							
	Wiederholungen							
	Gewicht							

Herz	Zeit	Distanz	Pulsschlag	Kalorien verbrannt

Messungen

Nacken	R Bizeps	L Bizeps	Brust	Taille	Hüften	R Oberschenkel	L Oberschenkel	Kalb

Datum: _____ **Muskelgruppe:** _____

M D D M F S S
○ ○ ○ ○ ○ ○ ○

Startzeit: _____

Gewicht: _____ **Endzeit:** _____

☐ Oberkörper: ☐ Unterkörper: ☐ Abs

Übung:	Satz:	1	2	3	4	5	6	7
	Wiederholungen							
	Gewicht							
	Wiederholungen							
	Gewicht							
	Wiederholungen							
	Gewicht							
	Wiederholungen							
	Gewicht							
	Wiederholungen							
	Gewicht							
	Wiederholungen							
	Gewicht							
	Wiederholungen							
	Gewicht							
	Wiederholungen							
	Gewicht							

Herz	Zeit	Distanz	Pulsschlag	Kalorien verbrannt

Messungen

Nacken	R Bizeps	L Bizeps	Brust	Taille	Hüften	R Oberschenkel	L Oberschenkel	Kalb

Datum: _____ **Muskelgruppe:** _____

M D D M F S S **Startzeit:** _____
○ ○ ○ ○ ○ ○ ○

Gewicht: _____ **Endzeit:** _____

☐ **Oberkörper:**　　☐ **Unterkörper:**　　☐ **Abs**

Übung:	Satz:	1	2	3	4	5	6	7
	Wiederholungen							
	Gewicht							
	Wiederholungen							
	Gewicht							
	Wiederholungen							
	Gewicht							
	Wiederholungen							
	Gewicht							
	Wiederholungen							
	Gewicht							
	Wiederholungen							
	Gewicht							
	Wiederholungen							
	Gewicht							
	Wiederholungen							
	Gewicht							

Herz	Zeit	Distanz	Pulsschlag	Kalorien verbrannt

Messungen

Nacken	R Bizeps	L Bizeps	Brust	Taille	Hüften	R Oberschenkel	L Oberschenkel	Kalb

Datum: _____   **Muskelgruppe:** _____

M D D M F S S   **Startzeit:** _____
○ ○ ○ ○ ○ ○ ○

Gewicht: _____   **Endzeit:** _____

☐ Oberkörper: ☐ Unterkörper: ☐ Abs

Übung:	Satz:	1	2	3	4	5	6	7
	Wiederholungen							
	Gewicht							
	Wiederholungen							
	Gewicht							
	Wiederholungen							
	Gewicht							
	Wiederholungen							
	Gewicht							
	Wiederholungen							
	Gewicht							
	Wiederholungen							
	Gewicht							
	Wiederholungen							
	Gewicht							
	Wiederholungen							
	Gewicht							

Herz	Zeit	Distanz	Pulsschlag	Kalorien verbrannt

Messungen

Nacken	R Bizeps	L Bizeps	Brust	Taille	Hüften	R Oberschenkel	L Oberschenkel	Kalb

Datum: _____ **Muskelgruppe:** _____

M ◯ D ◯ D ◯ M ◯ F ◯ S ◯ S ◯   **Startzeit:** _____

Gewicht: _____ **Endzeit:** _____

☐ Oberkörper: ☐ Unterkörper: ☐ Abs

Übung:	Satz:	1	2	3	4	5	6	7
	Wiederholungen							
	Gewicht							
	Wiederholungen							
	Gewicht							
	Wiederholungen							
	Gewicht							
	Wiederholungen							
	Gewicht							
	Wiederholungen							
	Gewicht							
	Wiederholungen							
	Gewicht							
	Wiederholungen							
	Gewicht							
	Wiederholungen							
	Gewicht							

Herz	Zeit	Distanz	Pulsschlag	Kalorien verbrannt

Messungen

Nacken	R Bizeps	L Bizeps	Brust	Taille	Hüften	R Oberschenkel	L Oberschenkel	Kalb

Datum: _____ **Muskelgruppe:** _____

M D D M F S S
○ ○ ○ ○ ○ ○ ○   **Startzeit:** _____

Gewicht: _____   **Endzeit:** _____

☐ Oberkörper: ☐ Unterkörper: ☐ Abs

Übung:	Satz:	1	2	3	4	5	6	7
	Wiederholungen							
	Gewicht							
	Wiederholungen							
	Gewicht							
	Wiederholungen							
	Gewicht							
	Wiederholungen							
	Gewicht							
	Wiederholungen							
	Gewicht							
	Wiederholungen							
	Gewicht							
	Wiederholungen							
	Gewicht							
	Wiederholungen							
	Gewicht							

Herz	Zeit	Distanz	Pulsschlag	Kalorien verbrannt

Messungen

Nacken	R Bizeps	L Bizeps	Brust	Taille	Hüften	R Oberschenkel	L Oberschenkel	Kalb

Datum: _____ **Muskelgruppe:** _____

M D D M F S S
○ ○ ○ ○ ○ ○ ○

Startzeit: _____

Gewicht: _____ **Endzeit:** _____

☐ Oberkörper: ☐ Unterkörper: ☐ Abs

Übung:	Satz:	1	2	3	4	5	6	7
	Wiederholungen							
	Gewicht							
	Wiederholungen							
	Gewicht							
	Wiederholungen							
	Gewicht							
	Wiederholungen							
	Gewicht							
	Wiederholungen							
	Gewicht							
	Wiederholungen							
	Gewicht							
	Wiederholungen							
	Gewicht							
	Wiederholungen							
	Gewicht							

Herz	Zeit	Distanz	Pulsschlag	Kalorien verbrannt

Messungen

Nacken	R Bizeps	L Bizeps	Brust	Taille	Hüften	R Oberschenkel	L Oberschenkel	Kalb

Datum: _____   **Muskelgruppe:** _____

M D D M F S S   **Startzeit:** _____
○ ○ ○ ○ ○ ○ ○

Gewicht: _____   **Endzeit:** _____

☐ **Oberkörper:**   ☐ **Unterkörper:**   ☐ **Abs**

Übung:	Satz:	1	2	3	4	5	6	7
	Wiederholungen							
	Gewicht							
	Wiederholungen							
	Gewicht							
	Wiederholungen							
	Gewicht							
	Wiederholungen							
	Gewicht							
	Wiederholungen							
	Gewicht							
	Wiederholungen							
	Gewicht							
	Wiederholungen							
	Gewicht							
	Wiederholungen							
	Gewicht							

Herz	Zeit	Distanz	Pulsschlag	Kalorien verbrannt

Messungen

Nacken	R Bizeps	L Bizeps	Brust	Taille	Hüften	R Oberschenkel	L Oberschenkel	Kalb

Datum: _____ **Muskelgruppe:** _____

M D D M F S S
○ ○ ○ ○ ○ ○ ○   **Startzeit:** _____

Gewicht: _____ **Endzeit:** _____

☐ Oberkörper: ☐ Unterkörper: ☐ Abs

Übung:	Satz:	1	2	3	4	5	6	7
	Wiederholungen							
	Gewicht							
	Wiederholungen							
	Gewicht							
	Wiederholungen							
	Gewicht							
	Wiederholungen							
	Gewicht							
	Wiederholungen							
	Gewicht							
	Wiederholungen							
	Gewicht							
	Wiederholungen							
	Gewicht							
	Wiederholungen							
	Gewicht							

Herz	Zeit	Distanz	Pulsschlag	Kalorien verbrannt

Messungen

Nacken	R Bizeps	L Bizeps	Brust	Taille	Hüften	R Oberschenkel	L Oberschenkel	Kalb

Datum: _____ **Muskelgruppe:** _____

M D D M F S S
◯ ◯ ◯ ◯ ◯ ◯ ◯   **Startzeit:** _____

Gewicht: _____ **Endzeit:** _____

☐ Oberkörper: ☐ Unterkörper: ☐ Abs

Übung:	Satz:	1	2	3	4	5	6	7
	Wiederholungen							
	Gewicht							
	Wiederholungen							
	Gewicht							
	Wiederholungen							
	Gewicht							
	Wiederholungen							
	Gewicht							
	Wiederholungen							
	Gewicht							
	Wiederholungen							
	Gewicht							
	Wiederholungen							
	Gewicht							
	Wiederholungen							
	Gewicht							

Herz	Zeit	Distanz	Pulsschlag	Kalorien verbrannt

Messungen

Nacken	R Bizeps	L Bizeps	Brust	Taille	Hüften	R Oberschenkel	L Oberschenkel	Kalb

Datum: _____ **Muskelgruppe:** _____

M D D M F S S   **Startzeit:** _____
○ ○ ○ ○ ○ ○ ○

Gewicht: _____ **Endzeit:** _____

☐ Oberkörper: ☐ Unterkörper: ☐ Abs

Übung:	Satz:	1	2	3	4	5	6	7
	Wiederholungen							
	Gewicht							
	Wiederholungen							
	Gewicht							
	Wiederholungen							
	Gewicht							
	Wiederholungen							
	Gewicht							
	Wiederholungen							
	Gewicht							
	Wiederholungen							
	Gewicht							
	Wiederholungen							
	Gewicht							
	Wiederholungen							
	Gewicht							

Herz	Zeit	Distanz	Pulsschlag	Kalorien verbrannt

Messungen

Nacken	R Bizeps	L Bizeps	Brust	Taille	Hüften	R Oberschenkel	L Oberschenkel	Kalb

Datum: _____ **Muskelgruppe:** _____

M D D M F S S
◯ ◯ ◯ ◯ ◯ ◯ ◯   **Startzeit:** _____

Gewicht: _____ **Endzeit:** _____

☐ Oberkörper: ☐ Unterkörper: ☐ Abs

Übung:	Satz:	1	2	3	4	5	6	7
	Wiederholungen							
	Gewicht							
	Wiederholungen							
	Gewicht							
	Wiederholungen							
	Gewicht							
	Wiederholungen							
	Gewicht							
	Wiederholungen							
	Gewicht							
	Wiederholungen							
	Gewicht							
	Wiederholungen							
	Gewicht							
	Wiederholungen							
	Gewicht							

Herz	Zeit	Distanz	Pulsschlag	Kalorien verbrannt

Messungen

Nacken	R Bizeps	L Bizeps	Brust	Taille	Hüften	R Oberschenkel	L Oberschenkel	Kalb

Datum: _____ **Muskelgruppe:** _____

M D D M F S S   **Startzeit:** _____
○ ○ ○ ○ ○ ○ ○

Gewicht: _____ **Endzeit:** _____

☐ Oberkörper: ☐ Unterkörper: ☐ Abs

Übung:	Satz:	1	2	3	4	5	6	7
	Wiederholungen							
	Gewicht							
	Wiederholungen							
	Gewicht							
	Wiederholungen							
	Gewicht							
	Wiederholungen							
	Gewicht							
	Wiederholungen							
	Gewicht							
	Wiederholungen							
	Gewicht							
	Wiederholungen							
	Gewicht							
	Wiederholungen							
	Gewicht							

Herz	Zeit	Distanz	Pulsschlag	Kalorien verbrannt

Messungen

Nacken	R Bizeps	L Bizeps	Brust	Taille	Hüften	R Oberschenkel	L Oberschenkel	Kalb

Datum: _____ **Muskelgruppe:** _____

M D D M F S S **Startzeit:** _____
◯ ◯ ◯ ◯ ◯ ◯ ◯

Gewicht: _____ **Endzeit:** _____

☐ Oberkörper: ☐ Unterkörper: ☐ Abs

Übung:	Satz:	1	2	3	4	5	6	7
	Wiederholungen							
	Gewicht							
	Wiederholungen							
	Gewicht							
	Wiederholungen							
	Gewicht							
	Wiederholungen							
	Gewicht							
	Wiederholungen							
	Gewicht							
	Wiederholungen							
	Gewicht							
	Wiederholungen							
	Gewicht							
	Wiederholungen							
	Gewicht							

Herz	Zeit	Distanz	Pulsschlag	Kalorien verbrannt

Messungen

Nacken	R Bizeps	L Bizeps	Brust	Taille	Hüften	R Oberschenkel	L Oberschenkel	Kalb

Datum: _____ **Muskelgruppe:** _____

M D D M F S S **Startzeit:** _____
○ ○ ○ ○ ○ ○ ○

Gewicht: _____ **Endzeit:** _____

☐ Oberkörper: ☐ Unterkörper: ☐ Abs

Übung:	Satz:	1	2	3	4	5	6	7
	Wiederholungen							
	Gewicht							
	Wiederholungen							
	Gewicht							
	Wiederholungen							
	Gewicht							
	Wiederholungen							
	Gewicht							
	Wiederholungen							
	Gewicht							
	Wiederholungen							
	Gewicht							
	Wiederholungen							
	Gewicht							
	Wiederholungen							
	Gewicht							

Herz	Zeit	Distanz	Pulsschlag	Kalorien verbrannt

Messungen

Nacken	R Bizeps	L Bizeps	Brust	Taille	Hüften	R Oberschenkel	L Oberschenkel	Kalb

Datum: _____ **Muskelgruppe:** _____

M   D   D   M   F   S   S   **Startzeit:** _____
◯   ◯   ◯   ◯   ◯   ◯   ◯

Gewicht: _____ **Endzeit:** _____

☐ Oberkörper: ☐ Unterkörper: ☐ Abs

Übung:	Satz:	1	2	3	4	5	6	7
	Wiederholungen							
	Gewicht							
	Wiederholungen							
	Gewicht							
	Wiederholungen							
	Gewicht							
	Wiederholungen							
	Gewicht							
	Wiederholungen							
	Gewicht							
	Wiederholungen							
	Gewicht							
	Wiederholungen							
	Gewicht							
	Wiederholungen							
	Gewicht							

Herz	Zeit	Distanz	Pulsschlag	Kalorien verbrannt

Messungen

Nacken	R Bizeps	L Bizeps	Brust	Taille	Hüften	R Oberschenkel	L Oberschenkel	Kalb

Datum: _____ **Muskelgruppe:** _____

M D D M F S S
○ ○ ○ ○ ○ ○ ○   **Startzeit:** _____

Gewicht: _____ **Endzeit:** _____

☐ Oberkörper: ☐ Unterkörper: ☐ Abs

Übung:	Satz:	1	2	3	4	5	6	7
	Wiederholungen							
	Gewicht							
	Wiederholungen							
	Gewicht							
	Wiederholungen							
	Gewicht							
	Wiederholungen							
	Gewicht							
	Wiederholungen							
	Gewicht							
	Wiederholungen							
	Gewicht							
	Wiederholungen							
	Gewicht							
	Wiederholungen							
	Gewicht							

Herz	Zeit	Distanz	Pulsschlag	Kalorien verbrannt

Messungen

Nacken	R Bizeps	L Bizeps	Brust	Taille	Hüften	R Oberschenkel	L Oberschenkel	Kalb

Datum: _____ **Muskelgruppe:** _____

M D D M F S S
○ ○ ○ ○ ○ ○ ○

Startzeit: _____

Gewicht: _____ **Endzeit:** _____

☐ Oberkörper: ☐ Unterkörper: ☐ Abs

Übung:	Satz:	1	2	3	4	5	6	7
	Wiederholungen							
	Gewicht							
	Wiederholungen							
	Gewicht							
	Wiederholungen							
	Gewicht							
	Wiederholungen							
	Gewicht							
	Wiederholungen							
	Gewicht							
	Wiederholungen							
	Gewicht							
	Wiederholungen							
	Gewicht							
	Wiederholungen							
	Gewicht							

Herz	Zeit	Distanz	Pulsschlag	Kalorien verbrannt

Messungen

Nacken	R Bizeps	L Bizeps	Brust	Taille	Hüften	R Oberschenkel	L Oberschenkel	Kalb

Datum: _____ **Muskelgruppe:** _____

M D D M F S S **Startzeit:** _____
○ ○ ○ ○ ○ ○ ○

Gewicht: _____ **Endzeit:** _____

☐ Oberkörper: ☐ Unterkörper: ☐ Abs

Übung:	Satz:	1	2	3	4	5	6	7
	Wiederholungen							
	Gewicht							
	Wiederholungen							
	Gewicht							
	Wiederholungen							
	Gewicht							
	Wiederholungen							
	Gewicht							
	Wiederholungen							
	Gewicht							
	Wiederholungen							
	Gewicht							
	Wiederholungen							
	Gewicht							
	Wiederholungen							
	Gewicht							

Herz	Zeit	Distanz	Pulsschlag	Kalorien verbrannt

Messungen

Nacken	R Bizeps	L Bizeps	Brust	Taille	Hüften	R Oberschenkel	L Oberschenkel	Kalb

Datum: _____ **Muskelgruppe:** _____

M D D M F S S **Startzeit:** _____
○ ○ ○ ○ ○ ○ ○

Gewicht: _____ **Endzeit:** _____

☐ Oberkörper: ☐ Unterkörper: ☐ Abs

Übung:	Satz:	1	2	3	4	5	6	7
	Wiederholungen							
	Gewicht							
	Wiederholungen							
	Gewicht							
	Wiederholungen							
	Gewicht							
	Wiederholungen							
	Gewicht							
	Wiederholungen							
	Gewicht							
	Wiederholungen							
	Gewicht							
	Wiederholungen							
	Gewicht							
	Wiederholungen							
	Gewicht							

Herz	Zeit	Distanz	Pulsschlag	Kalorien verbrannt

Messungen

Nacken	R Bizeps	L Bizeps	Brust	Taille	Hüften	R Oberschenkel	L Oberschenkel	Kalb

Datum: _____ **Muskelgruppe:** _____

M D D M F S S
○ ○ ○ ○ ○ ○ ○   **Startzeit:** _____

Gewicht: _____ **Endzeit:** _____

☐ Oberkörper: ☐ Unterkörper: ☐ Abs

Übung:	Satz:	1	2	3	4	5	6	7
	Wiederholungen							
	Gewicht							
	Wiederholungen							
	Gewicht							
	Wiederholungen							
	Gewicht							
	Wiederholungen							
	Gewicht							
	Wiederholungen							
	Gewicht							
	Wiederholungen							
	Gewicht							
	Wiederholungen							
	Gewicht							
	Wiederholungen							
	Gewicht							

Herz	Zeit	Distanz	Pulsschlag	Kalorien verbrannt

Messungen

Nacken	R Bizeps	L Bizeps	Brust	Taille	Hüften	R Oberschenkel	L Oberschenkel	Kalb

Datum: _____ **Muskelgruppe:** _____

M D D M F S S **Startzeit:** _____
◯ ◯ ◯ ◯ ◯ ◯ ◯

Gewicht: _____ **Endzeit:** _____

☐ Oberkörper: ☐ Unterkörper: ☐ Abs

Übung:	Satz:	1	2	3	4	5	6	7
	Wiederholungen							
	Gewicht							
	Wiederholungen							
	Gewicht							
	Wiederholungen							
	Gewicht							
	Wiederholungen							
	Gewicht							
	Wiederholungen							
	Gewicht							
	Wiederholungen							
	Gewicht							
	Wiederholungen							
	Gewicht							
	Wiederholungen							
	Gewicht							

Herz	Zeit	Distanz	Pulsschlag	Kalorien verbrannt

Messungen

Nacken	R Bizeps	L Bizeps	Brust	Taille	Hüften	R Oberschenkel	L Oberschenkel	Kalb

Datum: _____   **Muskelgruppe:** _____

M D D M F S S   **Startzeit:** _____
○ ○ ○ ○ ○ ○ ○

Gewicht: _____   **Endzeit:** _____

☐ Oberkörper: ☐ Unterkörper: ☐ Abs

Übung:	Satz:	1	2	3	4	5	6	7
	Wiederholungen							
	Gewicht							
	Wiederholungen							
	Gewicht							
	Wiederholungen							
	Gewicht							
	Wiederholungen							
	Gewicht							
	Wiederholungen							
	Gewicht							
	Wiederholungen							
	Gewicht							
	Wiederholungen							
	Gewicht							
	Wiederholungen							
	Gewicht							

Herz	Zeit	Distanz	Pulsschlag	Kalorien verbrannt

Messungen

Nacken	R Bizeps	L Bizeps	Brust	Taille	Hüften	R Oberschenkel	L Oberschenkel	Kalb

Datum: _____   **Muskelgruppe:** _____

M D D M F S S   **Startzeit:** _____
◯ ◯ ◯ ◯ ◯ ◯ ◯

Gewicht: _____   **Endzeit:** _____

☐ Oberkörper: ☐ Unterkörper: ☐ Abs

Übung:	Satz:	1	2	3	4	5	6	7
	Wiederholungen							
	Gewicht							
	Wiederholungen							
	Gewicht							
	Wiederholungen							
	Gewicht							
	Wiederholungen							
	Gewicht							
	Wiederholungen							
	Gewicht							
	Wiederholungen							
	Gewicht							
	Wiederholungen							
	Gewicht							
	Wiederholungen							
	Gewicht							

Herz	Zeit	Distanz	Pulsschlag	Kalorien verbrannt

Messungen

Nacken	R Bizeps	L Bizeps	Brust	Taille	Hüften	R Oberschenkel	L Oberschenkel	Kalb

Datum: _____ **Muskelgruppe:** _____

M D D M F S S
○ ○ ○ ○ ○ ○ ○   **Startzeit:** _____

Gewicht: _____ **Endzeit:** _____

☐ Oberkörper: ☐ Unterkörper: ☐ Abs

Übung:	Satz:	1	2	3	4	5	6	7
	Wiederholungen							
	Gewicht							
	Wiederholungen							
	Gewicht							
	Wiederholungen							
	Gewicht							
	Wiederholungen							
	Gewicht							
	Wiederholungen							
	Gewicht							
	Wiederholungen							
	Gewicht							
	Wiederholungen							
	Gewicht							
	Wiederholungen							
	Gewicht							

Herz	Zeit	Distanz	Pulsschlag	Kalorien verbrannt

Messungen

Nacken	R Bizeps	L Bizeps	Brust	Taille	Hüften	R Oberschenkel	L Oberschenkel	Kalb

Datum: _____ **Muskelgruppe:** _____

M D D M F S S
○ ○ ○ ○ ○ ○ ○   **Startzeit:** _____

Gewicht: _____ **Endzeit:** _____

☐ **Oberkörper:**   ☐ **Unterkörper:**   ☐ **Abs**

Übung:	Satz:	1	2	3	4	5	6	7
	Wiederholungen							
	Gewicht							
	Wiederholungen							
	Gewicht							
	Wiederholungen							
	Gewicht							
	Wiederholungen							
	Gewicht							
	Wiederholungen							
	Gewicht							
	Wiederholungen							
	Gewicht							
	Wiederholungen							
	Gewicht							
	Wiederholungen							
	Gewicht							

Herz	Zeit	Distanz	Pulsschlag	Kalorien verbrannt

Messungen

Nacken	R Bizeps	L Bizeps	Brust	Taille	Hüften	R Oberschenkel	L Oberschenkel	Kalb

Datum: _____ **Muskelgruppe:** _____

M ○ D ○ D ○ M ○ F ○ S ○ S ○   **Startzeit:** _____

Gewicht: _____ **Endzeit:** _____

☐ Oberkörper: ☐ Unterkörper: ☐ Abs

Übung:	Satz:	1	2	3	4	5	6	7
	Wiederholungen							
	Gewicht							
	Wiederholungen							
	Gewicht							
	Wiederholungen							
	Gewicht							
	Wiederholungen							
	Gewicht							
	Wiederholungen							
	Gewicht							
	Wiederholungen							
	Gewicht							
	Wiederholungen							
	Gewicht							
	Wiederholungen							
	Gewicht							

Herz	Zeit	Distanz	Pulsschlag	Kalorien verbrannt

Messungen

Nacken	R Bizeps	L Bizeps	Brust	Taille	Hüften	R Oberschenkel	L Oberschenkel	Kalb

Datum: _____ **Muskelgruppe:** _____

M D D M F S S
○ ○ ○ ○ ○ ○ ○   **Startzeit:** _____

Gewicht: _____ **Endzeit:** _____

☐ Oberkörper: ☐ Unterkörper: ☐ Abs

Übung:	Satz:	1	2	3	4	5	6	7
	Wiederholungen							
	Gewicht							
	Wiederholungen							
	Gewicht							
	Wiederholungen							
	Gewicht							
	Wiederholungen							
	Gewicht							
	Wiederholungen							
	Gewicht							
	Wiederholungen							
	Gewicht							
	Wiederholungen							
	Gewicht							
	Wiederholungen							
	Gewicht							

Herz	Zeit	Distanz	Pulsschlag	Kalorien verbrannt

Messungen

Nacken	R Bizeps	L Bizeps	Brust	Taille	Hüften	R Oberschenkel	L Oberschenkel	Kalb

Datum: _____ **Muskelgruppe:** _____

M D D M F S S   **Startzeit:** _____
○ ○ ○ ○ ○ ○ ○

Gewicht: _____ **Endzeit:** _____

☐ Oberkörper: ☐ Unterkörper: ☐ Abs

Übung:	Satz:	1	2	3	4	5	6	7
	Wiederholungen							
	Gewicht							
	Wiederholungen							
	Gewicht							
	Wiederholungen							
	Gewicht							
	Wiederholungen							
	Gewicht							
	Wiederholungen							
	Gewicht							
	Wiederholungen							
	Gewicht							
	Wiederholungen							
	Gewicht							
	Wiederholungen							
	Gewicht							

Herz	Zeit	Distanz	Pulsschlag	Kalorien verbrannt

Messungen

Nacken	R Bizeps	L Bizeps	Brust	Taille	Hüften	R Oberschenkel	L Oberschenkel	Kalb

Datum: _____   **Muskelgruppe:** _____

M D D M F S S   **Startzeit:** _____
○ ○ ○ ○ ○ ○ ○

Gewicht: _____   **Endzeit:** _____

☐ Oberkörper: ☐ Unterkörper: ☐ Abs

Übung:	Satz:	1	2	3	4	5	6	7
	Wiederholungen							
	Gewicht							
	Wiederholungen							
	Gewicht							
	Wiederholungen							
	Gewicht							
	Wiederholungen							
	Gewicht							
	Wiederholungen							
	Gewicht							
	Wiederholungen							
	Gewicht							
	Wiederholungen							
	Gewicht							
	Wiederholungen							
	Gewicht							

Herz	Zeit	Distanz	Pulsschlag	Kalorien verbrannt

Messungen

Nacken	R Bizeps	L Bizeps	Brust	Taille	Hüften	R Oberschenkel	L Oberschenkel	Kalb

Datum: _____ **Muskelgruppe:** _____

M D D M F S S **Startzeit:** _____
○ ○ ○ ○ ○ ○ ○

Gewicht: _____ **Endzeit:** _____

☐ **Oberkörper:** ☐ **Unterkörper:** ☐ **Abs**

Übung:	Satz:	1	2	3	4	5	6	7
	Wiederholungen							
	Gewicht							
	Wiederholungen							
	Gewicht							
	Wiederholungen							
	Gewicht							
	Wiederholungen							
	Gewicht							
	Wiederholungen							
	Gewicht							
	Wiederholungen							
	Gewicht							
	Wiederholungen							
	Gewicht							
	Wiederholungen							
	Gewicht							

Herz	Zeit	Distanz	Pulsschlag	Kalorien verbrannt

Messungen

Nacken	R Bizeps	L Bizeps	Brust	Taille	Hüften	R Oberschenkel	L Oberschenkel	Kalb

Datum: _____ **Muskelgruppe:** _____

M ○ D ○ D ○ M ○ F ○ S ○ S ○   **Startzeit:** _____

Gewicht: _____ **Endzeit:** _____

☐ Oberkörper: ☐ Unterkörper: ☐ Abs

Übung:	Satz:	1	2	3	4	5	6	7
	Wiederholungen							
	Gewicht							
	Wiederholungen							
	Gewicht							
	Wiederholungen							
	Gewicht							
	Wiederholungen							
	Gewicht							
	Wiederholungen							
	Gewicht							
	Wiederholungen							
	Gewicht							
	Wiederholungen							
	Gewicht							
	Wiederholungen							
	Gewicht							

Herz	Zeit	Distanz	Pulsschlag	Kalorien verbrannt

Messungen

Nacken	R Bizeps	L Bizeps	Brust	Taille	Hüften	R Oberschenkel	L Oberschenkel	Kalb

Datum: _____ **Muskelgruppe:** _____

M D D M F S S
○ ○ ○ ○ ○ ○ ○   **Startzeit:** _____

Gewicht: _____   **Endzeit:** _____

☐ Oberkörper: ☐ Unterkörper: ☐ Abs

Übung:	Satz:	1	2	3	4	5	6	7
	Wiederholungen							
	Gewicht							
	Wiederholungen							
	Gewicht							
	Wiederholungen							
	Gewicht							
	Wiederholungen							
	Gewicht							
	Wiederholungen							
	Gewicht							
	Wiederholungen							
	Gewicht							
	Wiederholungen							
	Gewicht							
	Wiederholungen							
	Gewicht							

Herz	Zeit	Distanz	Pulsschlag	Kalorien verbrannt

Messungen

Nacken	R Bizeps	L Bizeps	Brust	Taille	Hüften	R Oberschenkel	L Oberschenkel	Kalb

Datum: _____ **Muskelgruppe:** _____

M D D M F S S **Startzeit:** _____
○ ○ ○ ○ ○ ○ ○

Gewicht: _____ **Endzeit:** _____

☐ Oberkörper: ☐ Unterkörper: ☐ Abs

Übung:	Satz:	1	2	3	4	5	6	7
	Wiederholungen							
	Gewicht							
	Wiederholungen							
	Gewicht							
	Wiederholungen							
	Gewicht							
	Wiederholungen							
	Gewicht							
	Wiederholungen							
	Gewicht							
	Wiederholungen							
	Gewicht							
	Wiederholungen							
	Gewicht							
	Wiederholungen							
	Gewicht							

Herz	Zeit	Distanz	Pulsschlag	Kalorien verbrannt

Messungen

Nacken	R Bizeps	L Bizeps	Brust	Taille	Hüften	R Oberschenkel	L Oberschenkel	Kalb

Datum: _____ **Muskelgruppe:** _____

M D D M F S S **Startzeit:** _____
○ ○ ○ ○ ○ ○ ○

Gewicht: _____ **Endzeit:** _____

☐ Oberkörper: ☐ Unterkörper: ☐ Abs

Übung:	Satz:	1	2	3	4	5	6	7
	Wiederholungen							
	Gewicht							
	Wiederholungen							
	Gewicht							
	Wiederholungen							
	Gewicht							
	Wiederholungen							
	Gewicht							
	Wiederholungen							
	Gewicht							
	Wiederholungen							
	Gewicht							
	Wiederholungen							
	Gewicht							
	Wiederholungen							
	Gewicht							

Herz	Zeit	Distanz	Pulsschlag	Kalorien verbrannt

Messungen

Nacken	R Bizeps	L Bizeps	Brust	Taille	Hüften	R Oberschenkel	L Oberschenkel	Kalb

Datum: _____ **Muskelgruppe:** _____

M D D M F S S
◯ ◯ ◯ ◯ ◯ ◯ ◯   **Startzeit:** _____

Gewicht: _____ **Endzeit:** _____

☐ Oberkörper: ☐ Unterkörper: ☐ Abs

Übung:	Satz:	1	2	3	4	5	6	7
	Wiederholungen							
	Gewicht							
	Wiederholungen							
	Gewicht							
	Wiederholungen							
	Gewicht							
	Wiederholungen							
	Gewicht							
	Wiederholungen							
	Gewicht							
	Wiederholungen							
	Gewicht							
	Wiederholungen							
	Gewicht							
	Wiederholungen							
	Gewicht							

Herz	Zeit	Distanz	Pulsschlag	Kalorien verbrannt

Messungen

Nacken	R Bizeps	L Bizeps	Brust	Taille	Hüften	R Oberschenkel	L Oberschenkel	Kalb

Datum: _____ **Muskelgruppe:** _____

M D D M F S S **Startzeit:** _____
○ ○ ○ ○ ○ ○ ○

Gewicht: _____ **Endzeit:** _____

☐ Oberkörper: ☐ Unterkörper: ☐ Abs

Übung:	Satz:	1	2	3	4	5	6	7
	Wiederholungen							
	Gewicht							
	Wiederholungen							
	Gewicht							
	Wiederholungen							
	Gewicht							
	Wiederholungen							
	Gewicht							
	Wiederholungen							
	Gewicht							
	Wiederholungen							
	Gewicht							
	Wiederholungen							
	Gewicht							
	Wiederholungen							
	Gewicht							

Herz	Zeit	Distanz	Pulsschlag	Kalorien verbrannt

Messungen

Nacken	R Bizeps	L Bizeps	Brust	Taille	Hüften	R Oberschenkel	L Oberschenkel	Kalb

Datum: _____ **Muskelgruppe:** _____

M D D M F S S
○ ○ ○ ○ ○ ○ ○   **Startzeit:** _____

Gewicht: _____ **Endzeit:** _____

☐ Oberkörper: ☐ Unterkörper: ☐ Abs

Übung:	Satz:	1	2	3	4	5	6	7
	Wiederholungen							
	Gewicht							
	Wiederholungen							
	Gewicht							
	Wiederholungen							
	Gewicht							
	Wiederholungen							
	Gewicht							
	Wiederholungen							
	Gewicht							
	Wiederholungen							
	Gewicht							
	Wiederholungen							
	Gewicht							
	Wiederholungen							
	Gewicht							

Herz	Zeit	Distanz	Pulsschlag	Kalorien verbrannt

Messungen

Nacken	R Bizeps	L Bizeps	Brust	Taille	Hüften	R Oberschenkel	L Oberschenkel	Kalb

Datum: _____ **Muskelgruppe:** _____

M D D M F S S
◯ ◯ ◯ ◯ ◯ ◯ ◯

Startzeit: _____

Gewicht: _____ **Endzeit:** _____

☐ Oberkörper: ☐ Unterkörper: ☐ Abs

Übung:	Satz:	1	2	3	4	5	6	7
	Wiederholungen							
	Gewicht							
	Wiederholungen							
	Gewicht							
	Wiederholungen							
	Gewicht							
	Wiederholungen							
	Gewicht							
	Wiederholungen							
	Gewicht							
	Wiederholungen							
	Gewicht							
	Wiederholungen							
	Gewicht							
	Wiederholungen							
	Gewicht							

Herz	Zeit	Distanz	Pulsschlag	Kalorien verbrannt

Messungen

Nacken	R Bizeps	L Bizeps	Brust	Taille	Hüften	R Oberschenkel	L Oberschenkel	Kalb

Datum: _____ **Muskelgruppe:** _____

M D D M F S S
○ ○ ○ ○ ○ ○ ○

Startzeit: _____

Gewicht: _____ **Endzeit:** _____

☐ Oberkörper: ☐ Unterkörper: ☐ Abs

Übung:	Satz:	1	2	3	4	5	6	7
	Wiederholungen							
	Gewicht							
	Wiederholungen							
	Gewicht							
	Wiederholungen							
	Gewicht							
	Wiederholungen							
	Gewicht							
	Wiederholungen							
	Gewicht							
	Wiederholungen							
	Gewicht							
	Wiederholungen							
	Gewicht							
	Wiederholungen							
	Gewicht							

Herz	Zeit	Distanz	Pulsschlag	Kalorien verbrannt

Messungen

Nacken	R Bizeps	L Bizeps	Brust	Taille	Hüften	R Oberschenkel	L Oberschenkel	Kalb

Datum: _____ **Muskelgruppe:** _____

M D D M F S S   **Startzeit:** _____
○ ○ ○ ○ ○ ○ ○

Gewicht: _____ **Endzeit:** _____

☐ Oberkörper: ☐ Unterkörper: ☐ Abs

Übung:	Satz:	1	2	3	4	5	6	7
	Wiederholungen							
	Gewicht							
	Wiederholungen							
	Gewicht							
	Wiederholungen							
	Gewicht							
	Wiederholungen							
	Gewicht							
	Wiederholungen							
	Gewicht							
	Wiederholungen							
	Gewicht							
	Wiederholungen							
	Gewicht							
	Wiederholungen							
	Gewicht							

Herz	Zeit	Distanz	Pulsschlag	Kalorien verbrannt

Messungen

Nacken	R Bizeps	L Bizeps	Brust	Taille	Hüften	R Oberschenkel	L Oberschenkel	Kalb

Datum: _____ **Muskelgruppe:** _____

M D D M F S S **Startzeit:** _____
○ ○ ○ ○ ○ ○ ○

Gewicht: _____ **Endzeit:** _____

☐ Oberkörper: ☐ Unterkörper: ☐ Abs

Übung:	Satz:	1	2	3	4	5	6	7
	Wiederholungen							
	Gewicht							
	Wiederholungen							
	Gewicht							
	Wiederholungen							
	Gewicht							
	Wiederholungen							
	Gewicht							
	Wiederholungen							
	Gewicht							
	Wiederholungen							
	Gewicht							
	Wiederholungen							
	Gewicht							
	Wiederholungen							
	Gewicht							

Herz	Zeit	Distanz	Pulsschlag	Kalorien verbrannt

Messungen

Nacken	R Bizeps	L Bizeps	Brust	Taille	Hüften	R Oberschenkel	L Oberschenkel	Kalb

Datum: _____ **Muskelgruppe:** _____

M D D M F S S   **Startzeit:** _____
○ ○ ○ ○ ○ ○ ○

Gewicht: _____ **Endzeit:** _____

☐ **Oberkörper:** ☐ **Unterkörper:** ☐ **Abs**

Übung:	Satz:	1	2	3	4	5	6	7
	Wiederholungen							
	Gewicht							
	Wiederholungen							
	Gewicht							
	Wiederholungen							
	Gewicht							
	Wiederholungen							
	Gewicht							
	Wiederholungen							
	Gewicht							
	Wiederholungen							
	Gewicht							
	Wiederholungen							
	Gewicht							
	Wiederholungen							
	Gewicht							

Herz	Zeit	Distanz	Pulsschlag	Kalorien verbrannt

Messungen

Nacken	R Bizeps	L Bizeps	Brust	Taille	Hüften	R Oberschenkel	L Oberschenkel	Kalb

Datum: _____ **Muskelgruppe:** _____

M D D M F S S   **Startzeit:** _____
○ ○ ○ ○ ○ ○ ○

Gewicht: _____ **Endzeit:** _____

☐ Oberkörper: ☐ Unterkörper: ☐ Abs

Übung:	Satz:	1	2	3	4	5	6	7
	Wiederholungen							
	Gewicht							
	Wiederholungen							
	Gewicht							
	Wiederholungen							
	Gewicht							
	Wiederholungen							
	Gewicht							
	Wiederholungen							
	Gewicht							
	Wiederholungen							
	Gewicht							
	Wiederholungen							
	Gewicht							
	Wiederholungen							
	Gewicht							

Herz	Zeit	Distanz	Pulsschlag	Kalorien verbrannt

Messungen

Nacken	R Bizeps	L Bizeps	Brust	Taille	Hüften	R Oberschenkel	L Oberschenkel	Kalb

Datum: _____ **Muskelgruppe:** _____

M D D M F S S   **Startzeit:** _____
○ ○ ○ ○ ○ ○ ○

Gewicht: _____ **Endzeit:** _____

☐ Oberkörper: ☐ Unterkörper: ☐ Abs

Übung:	Satz:	1	2	3	4	5	6	7
	Wiederholungen							
	Gewicht							
	Wiederholungen							
	Gewicht							
	Wiederholungen							
	Gewicht							
	Wiederholungen							
	Gewicht							
	Wiederholungen							
	Gewicht							
	Wiederholungen							
	Gewicht							
	Wiederholungen							
	Gewicht							
	Wiederholungen							
	Gewicht							

Herz	Zeit	Distanz	Pulsschlag	Kalorien verbrannt

Messungen

Nacken	R Bizeps	L Bizeps	Brust	Taille	Hüften	R Oberschenkel	L Oberschenkel	Kalb

Datum: _____ **Muskelgruppe:** _____

M D D M F S S   **Startzeit:** _____
○ ○ ○ ○ ○ ○ ○

Gewicht: _____ **Endzeit:** _____

☐ Oberkörper: ☐ Unterkörper: ☐ Abs

Übung:	Satz:	1	2	3	4	5	6	7
	Wiederholungen							
	Gewicht							
	Wiederholungen							
	Gewicht							
	Wiederholungen							
	Gewicht							
	Wiederholungen							
	Gewicht							
	Wiederholungen							
	Gewicht							
	Wiederholungen							
	Gewicht							
	Wiederholungen							
	Gewicht							
	Wiederholungen							
	Gewicht							

Herz	Zeit	Distanz	Pulsschlag	Kalorien verbrannt

Messungen

Nacken	R Bizeps	L Bizeps	Brust	Taille	Hüften	R Oberschenkel	L Oberschenkel	Kalb

Datum: _____ **Muskelgruppe:** _____

M D D M F S S   **Startzeit:** _____
○ ○ ○ ○ ○ ○ ○

Gewicht: _____   **Endzeit:** _____

☐ Oberkörper: ☐ Unterkörper: ☐ Abs

Übung:	Satz:	1	2	3	4	5	6	7
	Wiederholungen							
	Gewicht							
	Wiederholungen							
	Gewicht							
	Wiederholungen							
	Gewicht							
	Wiederholungen							
	Gewicht							
	Wiederholungen							
	Gewicht							
	Wiederholungen							
	Gewicht							
	Wiederholungen							
	Gewicht							
	Wiederholungen							
	Gewicht							

Herz	Zeit	Distanz	Pulsschlag	Kalorien verbrannt

Messungen

Nacken	R Bizeps	L Bizeps	Brust	Taille	Hüften	R Oberschenkel	L Oberschenkel	Kalb

Datum: _____   **Muskelgruppe:** _____

M D D M F S S
◯ ◯ ◯ ◯ ◯ ◯ ◯   **Startzeit:** _____

Gewicht: _____   **Endzeit:** _____

☐ Oberkörper: ☐ Unterkörper: ☐ Abs

Übung:	Satz:	1	2	3	4	5	6	7
	Wiederholungen							
	Gewicht							
	Wiederholungen							
	Gewicht							
	Wiederholungen							
	Gewicht							
	Wiederholungen							
	Gewicht							
	Wiederholungen							
	Gewicht							
	Wiederholungen							
	Gewicht							
	Wiederholungen							
	Gewicht							
	Wiederholungen							
	Gewicht							

Herz	Zeit	Distanz	Pulsschlag	Kalorien verbrannt

Messungen

Nacken	R Bizeps	L Bizeps	Brust	Taille	Hüften	R Oberschenkel	L Oberschenkel	Kalb

Datum: _____ **Muskelgruppe:** _____

M D D M F S S **Startzeit:** _____
○ ○ ○ ○ ○ ○ ○

Gewicht: _____ **Endzeit:** _____

☐ Oberkörper: ☐ Unterkörper: ☐ Abs

Übung:	Satz:	1	2	3	4	5	6	7
	Wiederholungen							
	Gewicht							
	Wiederholungen							
	Gewicht							
	Wiederholungen							
	Gewicht							
	Wiederholungen							
	Gewicht							
	Wiederholungen							
	Gewicht							
	Wiederholungen							
	Gewicht							
	Wiederholungen							
	Gewicht							
	Wiederholungen							
	Gewicht							

Herz	Zeit	Distanz	Pulsschlag	Kalorien verbrannt

Messungen

Nacken	R Bizeps	L Bizeps	Brust	Taille	Hüften	R Oberschenkel	L Oberschenkel	Kalb

Datum: _____ **Muskelgruppe:** _____

M D D M F S S **Startzeit:** _____
○ ○ ○ ○ ○ ○ ○

Gewicht: _____ **Endzeit:** _____

☐ Oberkörper: ☐ Unterkörper: ☐ Abs

Übung:	Satz:	1	2	3	4	5	6	7
	Wiederholungen							
	Gewicht							
	Wiederholungen							
	Gewicht							
	Wiederholungen							
	Gewicht							
	Wiederholungen							
	Gewicht							
	Wiederholungen							
	Gewicht							
	Wiederholungen							
	Gewicht							
	Wiederholungen							
	Gewicht							
	Wiederholungen							
	Gewicht							

Herz	Zeit	Distanz	Pulsschlag	Kalorien verbrannt

Messungen

Nacken	R Bizeps	L Bizeps	Brust	Taille	Hüften	R Oberschenkel	L Oberschenkel	Kalb

Datum: _____ **Muskelgruppe:** _____

M D D M F S S
○ ○ ○ ○ ○ ○ ○   **Startzeit:** _____

Gewicht: _____ **Endzeit:** _____

☐ Oberkörper: ☐ Unterkörper: ☐ Abs

Übung:	Satz:	1	2	3	4	5	6	7
	Wiederholungen							
	Gewicht							
	Wiederholungen							
	Gewicht							
	Wiederholungen							
	Gewicht							
	Wiederholungen							
	Gewicht							
	Wiederholungen							
	Gewicht							
	Wiederholungen							
	Gewicht							
	Wiederholungen							
	Gewicht							
	Wiederholungen							
	Gewicht							

Herz	Zeit	Distanz	Pulsschlag	Kalorien verbrannt

Messungen

Nacken	R Bizeps	L Bizeps	Brust	Taille	Hüften	R Oberschenkel	L Oberschenkel	Kalb

Datum: _____ **Muskelgruppe:** _____

M D D M F S S   **Startzeit:** _____
○ ○ ○ ○ ○ ○ ○

Gewicht: _____ **Endzeit:** _____

☐ Oberkörper: ☐ Unterkörper: ☐ Abs

Übung:	Satz:	1	2	3	4	5	6	7
	Wiederholungen							
	Gewicht							
	Wiederholungen							
	Gewicht							
	Wiederholungen							
	Gewicht							
	Wiederholungen							
	Gewicht							
	Wiederholungen							
	Gewicht							
	Wiederholungen							
	Gewicht							
	Wiederholungen							
	Gewicht							
	Wiederholungen							
	Gewicht							

Herz	Zeit	Distanz	Pulsschlag	Kalorien verbrannt

Messungen

Nacken	R Bizeps	L Bizeps	Brust	Taille	Hüften	R Oberschenkel	L Oberschenkel	Kalb

Datum: _____ **Muskelgruppe:** _____

M D D M F S S
○ ○ ○ ○ ○ ○ ○   **Startzeit:** _____

Gewicht: _____ **Endzeit:** _____

☐ Oberkörper: ☐ Unterkörper: ☐ Abs

Übung:	Satz:	1	2	3	4	5	6	7
	Wiederholungen							
	Gewicht							
	Wiederholungen							
	Gewicht							
	Wiederholungen							
	Gewicht							
	Wiederholungen							
	Gewicht							
	Wiederholungen							
	Gewicht							
	Wiederholungen							
	Gewicht							
	Wiederholungen							
	Gewicht							
	Wiederholungen							
	Gewicht							

Herz	Zeit	Distanz	Pulsschlag	Kalorien verbrannt

Messungen

Nacken	R Bizeps	L Bizeps	Brust	Taille	Hüften	R Oberschenkel	L Oberschenkel	Kalb

Datum: _____ **Muskelgruppe:** _____

M D D M F S S
○ ○ ○ ○ ○ ○ ○

Startzeit: _____

Gewicht: _____ **Endzeit:** _____

☐ Oberkörper: ☐ Unterkörper: ☐ Abs

Übung:	Satz:	1	2	3	4	5	6	7
	Wiederholungen							
	Gewicht							
	Wiederholungen							
	Gewicht							
	Wiederholungen							
	Gewicht							
	Wiederholungen							
	Gewicht							
	Wiederholungen							
	Gewicht							
	Wiederholungen							
	Gewicht							
	Wiederholungen							
	Gewicht							
	Wiederholungen							
	Gewicht							

Herz	Zeit	Distanz	Pulsschlag	Kalorien verbrannt

Messungen

Nacken	R Bizeps	L Bizeps	Brust	Taille	Hüften	R Oberschenkel	L Oberschenkel	Kalb

www.ingramcontent.com/pod-product-compliance
Lightning Source LLC
LaVergne TN
LVHW021053100526
838202LV00083B/5839